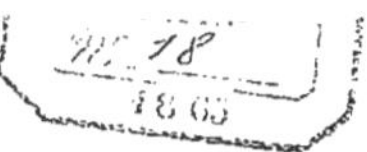

MANDEMENT

DE SON EMINENCE

MONSEIGNEUR LE CARDINAL GOUSSET

ARCHEVÊQUE DE REIMS

POUR LE CARÊME DE L'ANNÉE 1865

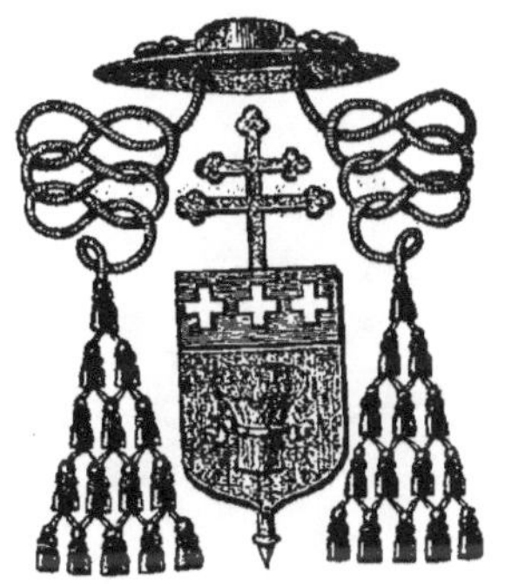

REIMS

P. DUBOIS, IMPRIMEUR DE S. E. MONSEIGNEUR LE CARDINAL

RUE DE L'ARBALÈTE, 9

MDCCCLXV

MANDEMENT

DE SON EMINENCE

MONSEIGNEUR LE CARDINAL GOUSSET

ARCHEVÊQUE DE REIMS

POUR LE CARÊME DE L'ANNÉE 1865

THOMAS-MARIE-JOSEPH GOUSSET, CARDINAL-PRÊTRE DE LA SAINTE EGLISE ROMAINE, DU TITRE DE SAINT-CALLIXTE, PAR LA MISÉRICORDE DIVINE ET LA GRACE DU SAINT-SIÉGE APOSTOLIQUE, ARCHEVÊQUE DE REIMS, ETC., ETC. ;

Au Clergé et aux Fidèles de Notre Diocèse,
Salut et Bénédiction en Notre Seigneur Jésus-Christ.

NOS TRÈS-CHERS FRÈRES,

Dans notre dernière Instruction pastorale, nous vous avons entretenus de l'existence et des prérogatives des saints anges, de leur hiérarchie et de leurs divers ministères. En essayant de raffermir dans vos esprits un dogme important et trop généralement ignoré, nous avions en vue de faire revivre dans vos cœurs le culte de respect et d'invocation qui est dû à ces célestes intelligences, et de vous porter à la reconnaissance et à la docilité envers les protecteurs invisibles qui veillent sur chacun de vous. Maintenant, il nous reste à vous parler des anges infidèles et déchus, qui se sont faits les ennemis de Dieu et des hommes. Nous vous redirons l'histoire de leur prévarication et de leur châtiment, leur puissance et leurs ruses, leurs dispositions haineuses et leurs œuvres perverses, afin que vous appreniez à les mieux connaître et à vous en défier davantage. Loin de vous exposer jamais à contracter avec eux une effrayante familiarité, soyez toujours prêts à leur résister, parce qu'ils sont constamment appliqués à vous tenter et à vous perdre.

Dieu, qui est la bonté et la sainteté par essence, ne les avait point créés mauvais et malfaisants. Sa main paternelle, qui se plaît à répandre sur tous ses ouvrages un reflet de ses perfections infinies, les avait comblés de ses dons les plus magnifiques. Aux qualités suréminentes de leur nature elle avait ajouté les largesses de sa grâce (1) ; elle les avait faits en tout semblables à ces esprits sublimes, dont nous avons raconté la gloire et la félicité : répartis dans tous leurs ordres et mêlés à tous leurs rangs, ils avaient la même fin et les mêmes destinées ; leur chef a été le plus beau des archanges (2). Ils auraient pu, eux aussi, mériter d'être confirmés à jamais dans la justice et admis à jouir éternellement du bonheur des cieux. Cette faveur dernière aurait mis le comble à toutes les autres faveurs dont ils étaient l'objet ; mais elle devait

(1) Deus erat simul in eis et condens naturam et largiens gratiam. S. Aug. *de Civ. Dei*, libr. XII, c. 9, num. 2.

(2) Perfectus in viis tuis a die creationis tuæ, donec inventa est iniquitas in te. Ezech. c. XXVIII, v. 15.

Ex eorum comparatione clarior fuit. Ille qui peccavit fuit superior inter omnes. S. Greg. Magn. Homil. XXXIV in Evang.

être le prix de leur docilité, et ils s'en sont rendus indignes ; ils l'ont perdue par une révolte audacieuse et insensée (1).

Il est de toute justice, Nos Très-Chers Frères, que les créatures, à quelque sphère qu'elles appartiennent, restent dans la soumission et la dépendance envers leur divin auteur. Celles qui composent l'ordre matériel et physique suivent invariablement les lois qu'il leur a imposées; elles l'honorent à leur manière, en faisant éclater à nos yeux sa sagesse et sa providence ; mais leur soumission étant l'effet de sa puissance souveraine et non de leur volonté, il est plus vrai de dire qu'il n'en reçoit aucun hommage, et que c'est lui-même qui se glorifie en elles. Il n'y a d'hommage véritable que celui qui est le fruit de l'intelligence et de la liberté. C'est donc aux créatures douées de ces deux nobles facultés qu'il est réservé de lui payer le tribut d'honneur et de gloire qui lui est dû ; de reconnaître son empire et ses droits ; d'exalter ses perfections et de publier ses grandeurs ; d'admirer ses œuvres, d'implorer sa grâce, d'apprécier ses bienfaits : seules, elles sont capables de s'offrir elles-mêmes à lui en témoignage d'amour et de reconnaissance, et, enfin, de se faire l'interprète de tout ce qui les entoure, pour faire monter jusqu'à son trône la voix harmonieuse et les louanges de toute la création. Telle est, Nos Très-Chers Frères, la loi de leur existence. Elle est fondée sur la nature des choses aussi bien que sur la volonté expresse du Créateur. C'est la fin principale que Dieu s'est proposée en leur donnant l'être et la vie, la raison et le libre arbitre. Elles ne peuvent s'y soustraire que par un abus coupable et manifeste de leur liberté. Est-il étonnant que Dieu, outragé par leur ingratitude et leur prévarication, les menace et les frappe des plus redoutables châtiments ? Lors même qu'elles n'auraient

(1) Non servaverunt suum principatum. Judæ v. 6.
Deus angelis peccantibus non pepercit. II. *Petr.* c. II, v. 4.

reçu de sa libéralité que les qualités admirables qui les constituent, et le bonheur dont elles sont naturellement susceptibles, elles seraient inexcusables de ne le point glorifier en Dieu et de lui refuser leurs actions de grâces (1). Mais ce qui aurait suffi aux exigences de leur nature, n'a point suffi à sa bonté. Non content de les placer dans toutes les conditions de ce bonheur proportionné à leur être et à leurs facultés, il lui a plu de les destiner à une félicité infiniment supérieure; il les a appelées à jouir de sa propre gloire et de sa béatitude éternelle; il a voulu qu'après l'avoir aimé et servi librement pendant un temps, elles fussent établies pour toujours dans son amitié, et récompensées par la jouissance du bonheur suprême. Quel nouveau et puissant motif pour elles de demeurer inébranlables dans l'obéissance et la fidélité!

Cependant, Nos Très-Chers Frères, toutes n'y ont pas persévéré. Vous connaissez la chute de l'homme au paradis terrestre : voici celle de l'ange au séjour de son épreuve.

L'Ecriture et la Tradition donnent le nom de ciel au lieu où les anges avaient été placés au moment de leur création. Mais ce n'était point le ciel des cieux, le lieu de la vision béatifique, où Dieu se montre à ses élus face à face, et où ses élus le contemplent sans efforts et sans nuage; car, là, il n'y a plus ni danger, ni possibilité de pécher; la tentation et la faiblesse y sont inconnues; la justice, la joie, la paix y règnent dans une immuable sécurité; la sainteté et la gloire y sont inamissibles. C'était donc une autre région céleste, une sphère lumineuse et fortunée, où ces nobles créatures, largement favorisées des communications divines, devaient les recevoir et y adhérer par l'humilité de la foi, avant d'être admises à en voir clairement la réalité dans l'essence même de Dieu.

(1) *Rom.* c. I, v. 21.

L'homme, ici-bas, Nos Très-Chers Frères, est encore dans la même condition. Nous ne connaissons les mystères de l'ordre surnaturel que par la révélation et par l'enseignement; il ne nous est donné ni de les voir de nos yeux, ni d'en pénétrer les secrets et les profondeurs. C'est une épreuve pour l'orgueil de l'esprit, qui voudrait ne devoir ces dogmes qu'à ses propres lumières et à ses méditations philosophiques ; une épreuve pour la raison, dont ils dépassent les limites, et qui aurait la prétention de les comprendre. Les voies de la Providence dans les évènements de la vie et dans sa conduite à notre égard sont pleines de sagesse, mais souvent opposées à notre attente et à nos désirs. C'est une épreuve pour le cœur, à qui il en coûte d'aimer et d'adorer à travers ces obscurités, d'espérer, au lieu de posséder et de jouir. Mais, puisque Dieu a parlé, le doute est-il permis? L'incrédulité peut-elle être légitime ? Puisqu'il dispose de tout à son gré, qui oserait se plaindre et l'accuser ? Qui sommes-nous, Nos Très-Chers Frères, et comment pourrions-nous ne pas croire et obéir ? Imiter la présomption des mauvais anges, ce serait encourir la réprobation qui s'est appesantie sur eux.

Quel a été l'écueil de leur persévérance ? Quelle vérité ont-ils méconnue ? Quel acte de foi et d'adoration ont-ils refusé à Dieu ? L'Eglise et les annales de l'histoire sainte ne le disent pas d'une manière positive ; mais il paraît certain qu'ils n'ont acquiescé ni à la médiation du Fils de Dieu pour eux-mêmes, ni à l'exaltation de la nature humaine en Jésus-Christ.

Le Verbe divin, par qui toutes choses ont été faites, est aussi l'unique médiateur et sauveur, au ciel et sur la terre (1). La fin surnaturelle n'a été donnée aux anges et aux hommes qu'en prévi-

(1) I. Tim. c. II, v. 5. — Idem quippe et angeli salvator et hominis : sed hominis ab Incarnatione, angeli ab initio creaturæ. S. Bern. *Serm. I. de Circumcis.*

sion de son Incarnation et de ses mérites ; car il n'y a aucune proportion entre les œuvres des esprits les plus éminents et cette récompense, qui n'est autre que Dieu lui-même (1) ; nulle créature n'aurait pu y parvenir sans cette intervention merveilleuse et sublime de sa charité. Or, pour combler la distance infinie qui sépare l'essence divine des ouvrages de ses mains, il fallait qu'il réunît dans sa personne les deux extrêmes, et qu'il associât à sa divinité la nature de l'ange ou celle de l'homme ; et il fit choix de la nature humaine (2).

Ce dessein, conçu de toute éternité, fut manifesté aux anges longtemps avant son accomplissement ; l'Homme-Dieu leur fut montré dans l'avenir comme Celui qui devait les confirmer en grâce et les introduire dans la gloire, à condition qu'ils l'adoreraient sur la terre pendant sa mission, et au ciel dans les siècles des siècles. Révélation inespérée, vision ravissante pour les cœurs généreux et reconnaissants ; mais mystère profond, accablant pour les esprits superbes ! Cette fin surnaturelle, ce poids immense de gloire qui leur était proposé ne serait donc point uniquement la récompense de leurs mérites personnels ! Jamais ils ne pourraient s'en attribuer à eux-mêmes les titres et la possession ! Un médiateur entre eux et Dieu, quelle injure faite à leur dignité ! La préférence gratuite accordée à la nature humaine, quelle injustice ! quelle atteinte portée à leurs droits ! Cette humanité, qui leur est si inférieure, la verront-ils, un jour, déifiée par son union avec le Verbe, et assise à la droite de Dieu, sur un trône resplendissant ? Consentiront-ils à lui offrir éternellement leurs hommages et leurs adorations ?

(1) Ego protector tuus sum et merces tua magna nimis. *Gen.* c. XV, v. 1.

(2) Perfectus Deus, perfectus homo, ex anima rationali et humana carne subsistens. *Symbol. Athan.*

Lucifer et la troisième partie des anges succombèrent à ces pensées d'orgueil et de jalousie. Saint Michel, et avec lui le plus grand nombre, s'écrièrent : Qui est semblable à Dieu ? Il est le maître de ses dons et le souverain Seigneur de toutes choses : gloire à Dieu et à l'Agneau qui sera immolé pour le salut du monde ! Mais le chef des rebelles, oubliant qu'il était redevable à son créateur de sa noblesse et de ses prérogatives, n'écouta que sa témérité, et dit : C'est moi-même qui monterai au ciel ; j'établirai ma demeure au-dessus des astres ; je m'assiérai sur la montagne de l'alliance, aux flancs de l'aquilon ; je dominerai les nuées les plus élevées, et je serai semblable au Très-Haut (1). Ceux qui partageaient ses sentiments accueillirent ses paroles par un murmure d'approbation ; et il s'en trouva dans tous les ordres de la hiérarchie ; mais leur multitude ne les mit point à l'abri du châtiment ; Dieu ne les épargna point, dit la Sainte Ecriture (2). A peine leur révolte eut-elle éclaté dans le langage des esprits, c'est-à-dire dans les élans de leurs pensées, qu'ils furent bannis irrévocablement de la cité céleste et précipités dans l'abîme.

Par ces paroles, NOS TRÈS-CHERS FRÈRES, nous entendons qu'ils furent relégués dans un lieu de supplices, où ils subissent la peine du feu, conformément à ce texte de l'Evangile, qui est sorti de la bouche même du Sauveur : « Allez, maudits, au feu éternel, qui a été préparé pour le démon et pour ses anges (3). » Saint Pierre dit expressément que Dieu les a livrés aux chaînes et aux tortures

(1) In cœlum conscendam, super astra Dei exaltabo solium meum, sedebo in monte Testamenti, in lateribus Aquilonis. Ascendam super altitudinem nubium, similis ero Altissimo. C. XIV, v. 13, 14.

(2) Si enim Deus angelis peccantibus non pepercit, etc. II. PETR. c. II, v. 4.

(3) Discedite a me, maledicti, in ignem æternum, qui paratus est diabolo et angelis ejus. MATH. c. XXVI, v. 41.

de l'enfer (1) ; mais tous n'y restent pas perpétuellement ; ce n'est qu'à la fin du monde qu'ils y seront enfermés pour jamais avec les réprouvés. Présentement, Dieu permet qu'ils occupent encore une place dans cette création à laquelle ils appartiennent ; dans l'ordre de choses auquel se rattache leur existence ; dans les relations, enfin, qu'ils devaient avoir avec l'homme, et dont ils font le plus pernicieux abus. Pendant que les uns sont dans leur demeure ténébreuse et y servent d'instruments à la justice divine contre les âmes infortunées qu'ils ont séduites, une infinité d'autres, formant des légions invisibles, sous la conduite de leurs chefs, résident dans les couches inférieures de notre atmosphère et parcourent toutes les parties de notre globe (2). Ils sont mêlés à tout ce qui se passe ici-bas, et ils y prennent, le plus souvent, une part très-active. Ainsi s'expliquent ces autres paroles de saint Pierre : « Soyez sobres et vigilants ; car le démon, votre ennemi, tourne autour de vous comme un lion rugissant, cherchant quelqu'un à dévorer (3). » — « Revêtez-vous des armes de Dieu, écrivait également le grand Apôtre, afin que vous puissiez demeurer fermes contre les embûches du démon ; car il ne s'agit point de combattre contre des ennemis de chair et de sang, mais contre les principautés, contre les puissances, contre les princes de ce monde de ténèbres, contre les esprits de malice répandus dans l'air (4). »

(1) Rudentibus inferni detractos in tartarum tradidit cruciandos. II. Petr. c. II, v. 4.

(2) Hæc autem omnium Doctorum opinio est, quod aer iste, qui cœlum et terram medius dividens inane appellatur, plenus sit contrariis fortitudinibus. S. Hier. *in Epist. ad. Eph.*, c. VI, v. 12.

(3) Sobrii estote et vigilate ; quia adversarius vester diabolus, tanquam leo rugiens, circuit quærens quem devoret. I. Petr. c. V, v. 8.

(4) Induite vos armaturam Dei, ut possitis stare adversus insidias diaboli. Quoniam non est nobis colluctatio adversus carnem et sanguinem ; sed adversus principes, et potestates, adversus mundi rectores tenebrarum harum, contra spiritualia nequitiæ, in cœlestibus. *Ephes.* c. VI, v. 11, 12.

Le châtiment suit partout ces êtres déchus et maudits ; partout ils portent leur enfer avec eux ; ils n'ont plus ni paix, ni repos ; les douceurs mêmes de l'espérance se sont changées pour eux en amertume : elle leur est odieuse. La main de Dieu les a frappés dans l'acte même de leur péché, et leur volonté s'est obstinée dans le mal. Devenus pervers, ils ne veulent point cesser de l'être, et ils le sont pour toujours. Suivant la doctrine de saint Thomas, cette fixité vient de la condition de leur nature, plutôt que de la gravité de leur faute (1). Les anges, ainsi que nous l'avons dit, Nos Très-Chers Frères, sont en rapport immédiat avec l'objet de leur pensée ; leurs connaissances ne sont point l'effet de l'induction et du raisonnement, mais d'une intuition tellement claire et sûre qu'elle ne peut varier. Dès lors, leur volonté, une fois déterminée avec la conscience parfaite de leurs actes et des conséquences qui en résultent, est nécessairement fixe et invariable. Ils sont après le péché ce que l'homme est après la mort (2). La réhabilitation de ceux qui sont tombés est donc impossible : leur perte est désormais sans retour, et ils persévèrent dans leur orgueil vis-à-vis de Dieu, dans leur haine contre son Christ, dans leur jalousie contre l'humanité.

N'ayant pu s'approprier la gloire du ciel par l'essor de leur ambition, ils s'efforcent d'établir leur empire sur la terre et d'en bannir le règne de Dieu. Le Verbe fait chair a accompli malgré eux ses desseins pour le salut et la gloire de l'humanité : tous leurs moyens d'action sont consacrés à lui ravir les âmes qu'il a rachetées ; la ruse et l'importunité, le mensonge et la séduction, ils met-

(1) Causam autem hujus obstinationis debes accipere, non ex gravitate culpæ, sed ex conditione naturæ seu status. *Pars* I, q. LXIV, art. 2.

(2) S. Jean Damasc.

tent tout en œuvre pour les porter au mal et pour consommer leur ruine.

Avec de tels ennemis, la vie de l'homme, depuis son berceau jusqu'à la tombe, ne peut être, hélas! qu'une lutte perpétuelle; car ils sont puissants et infatigables.

Ces ennemis, en effet, sont ceux-là mêmes qui, après avoir introduit le mal dans le monde, sont parvenus à couvrir la terre des épaisses ténèbres de l'erreur et du vice; ceux qui, pendant de longs siècles, se sont fait adorer comme des dieux, et qui ont régné en maîtres sur les peuples de l'antiquité; ceux, enfin, qui exercent encore leur empire tyrannique sur les régions idolâtres, et qui fomentent le désordre et le scandale jusqu'au sein des sociétés chrétiennes. L'histoire ancienne, les relations des voyageurs, les lettres écrites des Missions, nous offrent à chaque page l'effrayant tableau de leur domination satanique et des honteuses faiblesses du genre humain. Le secret des cœurs nous dérobe une partie des ravages qu'ils causent au fond des âmes : Dieu seul connaît le nombre de leurs victimes.

Pour comprendre tout ce qu'ils ont de ressources au service de leur méchanceté, il suffit, Nos Très-Chers Frères, de remarquer qu'ils n'ont rien perdu des prodigieuses facultés qui sont l'apanage de la nature angélique. Sans doute, l'avenir, et surtout l'ordre surnaturel, ont des mystères que Dieu s'est réservés et qu'ils ne peuvent découvrir; mais leur intelligence est bien supérieure à la nôtre, parce qu'ils aperçoivent d'un coup d'œil les effets dans leurs causes, et les causes dans leurs effets. Cette pénétration leur permet d'annoncer à l'avance des évènements qui échappent à nos conjectures. La distance et la diversité des lieux s'effacent devant leur agilité. Plus prompts que l'éclair, plus rapides que la pensée, ils se trouvent presque en même temps sur divers points du globe, et ils peuvent décrire au loin les choses dont ils sont témoins, à l'heure même où elles s'accomplissent (1). Les lois générales par lesquelles Dieu régit et gouverne cet univers ne sont pas de leur domaine ; ils ne peuvent y déroger, ni, par conséquent, prédire ou opérer de vrais miracles ; mais ils possèdent l'art d'imiter et de contrefaire, dans de certaines limites, les œuvres divines ; ils savent quels phénomènes résultent de la combinaison des éléments, et ils prédisent avec certitude ceux qui arrivent naturellement, comme ceux qu'ils ont le pouvoir de reproduire eux-mêmes. De là ces oracles nombreux, ces prestiges extraordinaires dont les livres sacrés et profanes nous ont gardé le souvenir, et qui ont servi de base ou d'aliment à toutes les superstitions (2).

Leur substance simple et immatérielle les soustrait à nos regards ; ils sont à nos côtés sans être aperçus ; ils parlent à notre âme sans frapper nos oreilles ; nous croyons obéir à notre propre pensée pendant que nous subissons leurs tentations et leur funeste influence. Nos dispositions, au contraire, leur sont connues par les impressions que nous en ressentons (3), et ils nous attaquent, pour l'ordinaire, par notre côté faible. Pour nous séduire plus sûrement, ils ont coutume de nous présenter des appâts et des suggestions conformes à nos penchants. Ils modifient leur action selon les circonstances et d'après les traits caractéristiques de chaque tempérament. Mais leurs armes favorites sont le mensonge et l'hypocrisie. Lorsqu'ils ne peuvent nous pousser directement au mal, ils se

(1) Omnis spiritus ales ; hoc et angeli et dæmones. Igitur momento ubique sunt ; totus orbis illis locus unus est : quid ubi geratur tam facile sciunt quam enuntiant. TERTUL. *Apolog.* XXII.

(2) Causa idololatriæ consummativa fuit ex parte dæmonum... dando responsa, et aliqua quæ videbantur hominibus miracula, faciendo. S. THOM. 2ª 2ªᵉ, q. XCIV, art. 4.

(3) Aliquando autem et hominum dispositiones non solum voce prolatas, verum etiam cogitatione conceptas, cum signa quædam ex animo exprimuntur in corpore, tota facilitate perdiscunt. S. AUG. *de Divinat. dæmon.* lib. I.

transforment en anges de lumière et nous trompent sous la fausse apparence du bien. Ils nous pénètrent profondément de la droiture de nos intentions jusque dans les erreurs les plus manifestes, et dans la désobéissance la plus obstinée. C'est là le secret de la plupart des schismes et des hérésies, fruits déplorables de la fascination de l'esprit, et qui ne sont autre chose que des illusions rebelles à la voix de la vérité et du devoir.

Dans leur intervention extérieure, ils ne sont pas moins attentifs à dissimuler leur présence, pour écarter nos soupçons. Toujours rusés et perfides, ils attirent l'homme dans leurs embûches avant de lui imposer les chaînes de l'oppression et de la servitude. Ici, ils éveillent la curiosité par des phénomènes et des jeux puérils (1); là, ils frappent d'étonnement, et subjuguent par l'attrait du merveilleux. Si le surnaturel apparaît, si leur puissance les démasque, ils calment et apaisent les appréhensions, ils sollicitent la confiance, ils provoquent la familiarité. Tantôt ils se font passer pour des divinités et de bons génies; tantôt ils empruntent les noms et même les traits des morts qui ont laissé une mémoire parmi les vivants (2). A la faveur de ces fraudes dignes de l'ancien serpent, ils parlent, et on les écoute; ils dogmatisent, et on les croit; ils mêlent à leurs mensonges quelques vérités, et ils font accepter l'erreur sous toutes les formes. C'est là qu'aboutissent leurs prétendues révélations d'outre-tombe; c'est pour obtenir ce résultat que le bois, la pierre, les forêts et les fontaines, le sanctuaire des idoles, le pied des tables, la main des enfants, rendent des oracles; c'est pour cela que la pythonisse prophétise

(1) Omnia illa quæ videntur esse venialia dæmones procurant, ut homines ad sui familiaritatem attrahant. S. Thom. 1ª 2ᵃᵉ, q. LXXXIX, art. 4, ad 3.

(2) Frequenter dæmones simulant esse animas mortuorum. *Ibid.*, I pars, q. 117, art. 4.

dans son délire et que l'ignorant, dans un mystérieux sommeil, devient tout-à-coup le docteur de la science (1). Tromper et pervertir, tel est, partout et dans tous les temps, le but final de ces étranges manifestations. Des esprits aussi orgueilleux n'obéissent aux caprices de l'homme que pour s'emparer à leur tour de son intelligence et de sa volonté, et les assujétir à leurs mauvais desseins.

Il n'est point permis, NOS TRÈS-CHERS FRÈRES, de se mettre en rapport avec eux, soit immédiatement, soit par l'entremise de ceux qui les évoquent et les interrogent. La loi mosaïque punissait de mort ces pratiques détestables, en usage parmi les Gentils. « N'allez pas trouver les magiciens, est-il dit au livre du Lévitique, et n'adressez aux devins aucune question, de peur d'encourir la souillure en vous adressant à eux (2). » — « Si un homme ou une femme a un esprit de Python ou de divination, qu'ils soient punis de mort ; ils seront lapidés, et leur sang retombera sur leurs têtes (3). » Et au livre du Deutéronome : « Qu'il n'y ait parmi vous personne qui consulte les devins, ou qui observe les songes et les augures, ou qui use de maléfices, de sortiléges et d'enchantements, ou qui consulte ceux qui ont l'esprit de Python et qui pratiquent la divination, ou qui interroge les morts pour apprendre la vérité ; car le Seigneur a en abomination toutes ces choses, et

(1) Porro si et magi phantasmata edunt et sane defunctorum inclamant animas ; si pueros in eloquium oraculi eliciunt ; si multa miracula circulatoriis præstigiis ludunt ; si et somnia immittunt, habentes semel invitatorum angelorum et dæmonum assistentem sibi potestatem, per quos et capræ et mensæ divinare consueverunt ; quanto magis ea potestas de suo arbitrio, et pro suo negotio studeat totis viribus operari, quod alienæ præstat negotiationi. TERTUL. *Apolog.* XXIII.

(2) C. XIX, v. 31.

(3) C. XX, v. 27.

il détruira, à votre arrivée, les nations qui commettent ces crimes (1). »

Dans les siècles chrétiens, l'Eglise a établi les peines spirituelles les plus sévères contre ces superstitions idolâtriques. Les conciles les ont frappées d'anathème et soumises à une pénitence rigoureuse; les Souverains Pontifes les ont signalées et condamnées dans des constitutions solennelles; les évêques les ont proscrites dans les synodes et les rituels diocésains ; les docteurs et les théologiens les ont flétries de leurs censures; les lois civiles elles-mêmes se sont appliquées à extirper du sein des sociétés cette peste publique toujours maudite et toujours renaissante. Depuis l'Evangile, dirons-nous avec Tertullien, vous ne trouverez plus nulle part d'astrologues, d'enchanteurs, de devins, de magiciens, qui n'aient été punis (2).

Pour se rendre coupable en cette matière, aux yeux de la conscience, il n'est pas nécessaire d'avoir des intentions criminelles, ni de recourir formellement à l'intervention des anges de ténèbres. Il suffit, Nos Très-Chers Frères, de provoquer cette intervention d'une manière implicite, comme lorsqu'on cherche à obtenir de certaines causes des effets que l'on sait n'être point en rapport avec leur nature ou avec leur destination providentielle. Les résultats surprenants de ces observances ou de ces actes, pour la plupart bizarres et ridicules, ne pouvant procéder de leur vertu intrinsèque, ni de l'ordre établi de Dieu, on ne peut les attendre que du concours des puissances occultes. Tels sont, notamment, les phénomènes extraordinaires obtenus, de nos jours, par les procédés en apparence inoffensifs du magnétisme et par l'organe intelligent des tables parlantes. Au moyen de ces opérations de la

(1) C. XVIII, v. 10, 11, 12.

(2) *De Idol.*, c. IX.

magie moderne, nous voyons se reproduire parmi nous les évocations et les oracles, les consultations, les guérisons et les prestiges qui ont illustré les temples des idoles et les antres des sibylles. Comme autrefois (1), on commande au bois, et le bois obéit; on l'interroge, et il répond dans toutes les langues et sur toutes les questions; on se trouve en présence d'êtres invisibles, qui usurpent les noms des morts, et dont les prétendues révélations sont marquées au coin de la contradiction et du mensonge; des formes légères et sans consistance apparaissent tout-à-coup, et se montrent douées d'une force surhumaine.

Quels sont, Nos Très-Chers Frères, les agents secrets de ces phénomènes et les vrais acteurs de ces scènes inexplicables? Les anges n'accepteraient point ces rôles indignes et ne se prêteraient point à tous les caprices d'une vaine curiosité. Les âmes des morts, que Dieu défend de consulter, demeurent au séjour que leur a assigné sa justice, et elles ne peuvent, sans sa permission, se mettre aux ordres des vivants. Les êtres mystérieux qui se rendent ainsi au premier appel de l'hérétique et de l'impie comme du fidèle, du crime aussi bien que de l'innocence, ne sont ni les envoyés de Dieu ni les apôtres de la vérité et du salut, mais les suppôts de l'erreur et de l'enfer. Malgré le soin qu'ils prennent de se cacher sous les noms les plus vénérables, ils se trahissent par le néant de leurs doctrines, non moins que par la bassesse de leurs actes et l'incohérence de leurs paroles. Ils s'efforcent d'effacer du symbole religieux les dogmes du péché originel, de la résurrection des corps, de l'éternité des peines, et toute la révélation divine, afin d'ôter aux lois leur véritable sanction et d'ouvrir au vice toutes les

(1) Væ qui dicit ligno : Exspergiscere et surge. Habac. c. XI, v. 19. — Populus meus in ligno interrogavit : et baculus ejus annuntiavit ei. Os. c. IV, v. 12. — Vid. supra, pag. 15, not. 1.

barrières. Si leurs suggestions pouvaient prévaloir, elles formeraient une religion commode, à l'usage du socialisme et de tous ceux qu'importune la notion du devoir et de la conscience. L'incrédulité de notre siècle leur a préparé les voies. Puissent les sociétés chrétiennes, par un retour sincère à la foi catholique, échapper aux dangers de cette nouvelle et redoutable invasion !

Dieu ne nous a point livrés sans défense aux attaques de ces perfides ennemis. Il nous inspire et nous soutient par sa grâce ; il nous renouvelle et nous fortifie par ses sacrements ; il nous encourage par l'exemple des justes et nous protége par le ministère des saints anges. Il ne permet pas que nous soyons tentés au-dessus de nos forces : ce qu'il veut, c'est que nous profitions de la tentation pour nous affermir dans la vertu (1) et pour mériter une gloire immortelle ; car le ciel est à ce prix : personne ne sera couronné s'il n'a légitimement combattu (2) ; mais que celui qui se croit ferme prenne garde de tomber (3) ! Là où le danger renaît sans cesse, nul ne peut être assuré d'avance de la victoire. Veillez donc sur vous-mêmes, NOS TRÈS-CHERS FRÈRES ; priez avec persévérance, et ne présumez point de vos propres forces. Ne donnez point entrée au démon (4) ; évitez toute participation à ces pratiques souverainement imprudentes, qui pourraient l'attirer dans vos demeures ou troubler la foi dans vos âmes.

(1) Fidelis autem Deus est, qui non patietur vos tentari supra id quod potestis, sed faciet etiam cum tentatione proventum. I *Cor.* c. X, v. 13.

(2) II *Tim.* c. II, v. 5.

(3) Itaque qui se existimat stare, videat ne cadat. I *Cor.* c. X, v. 12.

(4) Nolite locum dare diabolo. *Eph.* c. IV, v. 27.

A CES CAUSES :

Après en avoir conféré avec nos Vénérables Frères les Dignitaires, Chanoines et Chapitre de notre Eglise Métropolitaine, Nous avons ordonné et ordonnons ce qui suit :

ARTICLE PREMIER.

Nous permettons à tous les Fidèles de notre Diocèse l'usage du beurre et du laitage pendant tout le Carême.

ART. II.

Nous permettons aussi l'usage des œufs, pour tous les jours, à l'exception du Vendredi-Saint.

ART. III.

A raison de la rareté des aliments propres aux jours d'abstinence, Nous permettons, en vertu d'un *Indult Apostolique*, l'usage des aliments gras, les Dimanches, Lundis, Mardis et Jeudis du Carême, jusqu'au Dimanche des Rameaux inclusivement. Cette concession ne tirera pas à conséquence pour les années suivantes.

ART. IV.

Tous ceux qui useront d'aliments gras pendant le saint temps de Carême, feront, entre les mains de leur Curé, une aumône proportionnée à leurs moyens, laquelle sera envoyée au Secrétariat de l'Archevêché, et appliquée aux besoins de nos Séminaires et des autres établissements diocésains.

L'aumône que nous prescrivons est une compensation indispensable, sans laquelle la présente permission serait nulle.

Ceux qui, à raison de leur indigence, ne pourront faire l'aumône prescrite, réciteront, une fois par semaine, cinq *Pater* et cinq *Ave*, en l'honneur des cinq plaies de Notre Seigneur Jésus-Christ, pour la conversion des pécheurs et pour les besoins de l'Eglise et de l'Etat, spécialement de l'Eglise de Pologne, sur laquelle s'appesantissent le joug d'un schisme intolérant et les rigueurs d'une administration inexorable.

Nous exhortons instamment les fidèles qui en ont les moyens, à venir en aide aux généreux enfants de cette même nation, qui ont quitté leur patrie et leurs familles plutôt que de renoncer à leur foi.

ART. V.

Nous permettons l'usage du lait et du beurre à la collation, le Vendredi-Saint excepté (1).

Ceux qui useront de cette permission feront une aumône particulière pour les Séminaires.

ART. VI.

MM. les Curés et Desservants feront aussi exactement les quêtes d'usage pour les Séminaires, et dont les principales restent fixées aux jours de Pâques, de l'Assomption, de la Toussaint et des Dimanches de Carême. Le produit des quêtes qui se feront le deuxième Dimanche après Pâques et le jour de la Pentecôte, est destiné à l'entretien des personnes indigentes qui trouvent, dans l'établissement du *Bon-Pasteur*, un asile contre les dangers et la contagion du siècle.

(1) Cette permission s'étend aux jours de jeûne qui surviennent dans le courant de l'année. MM. les Ecclésiastiques pourront en user.

ART. VII.

Le temps fixé par Nous, pour satisfaire au devoir de la Communion pascale, durera depuis le Dimanche de la Passion jusqu'à celui du Bon-Pasteur inclusivement.

Nous invitons MM. les Curés à faire dans leurs églises, au moins trois fois par semaine, pendant le Carême, la prière du soir, suivie d'une instruction ou d'une lecture de piété, en leur permettant de terminer cet exercice par la bénédiction du Très-Saint Sacrement, avec le Ciboire.

Nous les exhortons à donner la même bénédiction, avec l'Ostensoir, le Vendredi, ou, en cas d'empêchement, un jour de chaque semaine. En outre, ils donneront solennellement la bénédiction du Saint-Sacrement, tous les Dimanches du Carême, immédiatement après le chant des Vêpres.

Après l'exposition du Saint-Sacrement, on chantera le psaume *Miserere*, le psaume *Ad te levavi*, déjà prescrit dans nos derniers Mandements, et le *Sub tuum*, avec les oraisons *Deus, qui nobis*, etc., *Ecclesiæ*, etc., et *Concede nos*, etc. Cet exercice se fera pour demander à Dieu la conversion des pécheurs, la paix entre les princes chrétiens, et la conservation des droits temporels du Saint-Siége Apostolique.

ART. VIII.

Le Dimanche de la solennité de la Fête de saint Pierre et de saint Paul, Apôtres, on fera une quête pour le *Denier de saint Pierre* à la Messe et à Vêpres, dans toutes les églises paroissiales.

Cette quête sera annoncée, le Dimanche précédent, au prône de la Messe de paroisse.

Un tronc sera réservé, dans chaque église, aux offrandes pour cette œuvre spéciale.

Et sera Notre présent Mandement lu et publié au prône des Messes paroissiales, dans les Séminaires, les Communautés religieuses, et les Colléges, au plus tard le Dimanche de la Quinquagésime.

Donné à Reims, sous Notre seing, Notre sceau et le contre-seing de Notre Secrétaire, le dix Février mil huit cent soixante-cinq.

† TH. CARDINAL GOUSSET,
Archevêque de Reims.

Par Mandement de Son Eminence :
S. JACQUENET,
Chanoine honoraire, Secrétaire.

Reims. P. DUBOIS, Imprimeur de S. Em. Mgr le Cardinal, rue de l'Arbalète, 9.

AVIS A MM. LES CURÉS.

I. MM. les Curés et Desservants seront exacts à visiter les écoles de leurs paroisses, conformément aux Statuts du diocèse, et à l'esprit de la loi du 15 Mars 1850 sur l'Instruction publique, à moins qu'ils n'en aient obtenu dispense de Nous ou de nos Vicaires Généraux.

II. A partir du Mercredi des Cendres jusqu'au Dimanche du Bon-Pasteur inclusivement, les Prêtres de notre diocèse, approuvés pour la confession, pourront absoudre de tous les cas qui Nous sont réservés.

III. Nous tenons à ce que toutes les quêtes prescrites pour les établissements diocésains soient faites dans les Eglises et dans les Chapelles des Communautés religieuses ouvertes au public, aux jours fixés par notre Mandement de Carême, c'est-à-dire aux Dimanches de Carême et aux fêtes de Pâques, de l'Assomption et de la Toussaint. Ces quêtes sont d'obligation, et MM. les Curés et Aumôniers ne peuvent s'en dispenser sous prétexte des besoins particuliers de leurs Eglises ou des Chapelles qu'ils desservent. Nous consentons, toutefois, à ce qu'une quête à domicile, pendant le saint temps de Carême, dans les paroisses où elle pourra se faire sans inconvénient, remplace les quêtes des Dimanches de Carême et de Pâques.

IV. En vertu d'un indult de Notre Saint-Père le Pape Pie IX. Nous accordons aux fidèles la dispense de l'abstinence pendant les trois jours des Rogations, en recommandant, toutefois, à ceux qui useront de cette indulgence du Saint-Siége, de faire en compensation d'autres bonnes œuvres et aumônes.

V. Les Curés et Confesseurs approuvés pour le diocèse sont autorisés à accorder la permission d'user d'aliments gras, le Lundi et le Mardi de la Semaine-Sainte, aux personnes qui la leur demanderont, et qui croiront avoir des raisons de faire cette demande.

VI. Dans les paroisses où s'établit le pieux usage de faire, les jours de Dimanches et de Fêtes, la prière du soir, avec une courte instruction, Nous autorisons MM. les Curés à terminer cet exercice par la bénédiction du saint Ciboire, nonobstant celle qui aura été donnée après les Vêpres. avec l'Ostensoir. Cet exercice du soir ne devra pas durer plus d'une demi-heure.

VII. Nous rappelons ce que Nous avons recommandé à MM. les Curés, de n'user, pour le Saint Sacrifice et la Communion des fidèles, que des pains eucharistiques qu'ils auront préparés eux-mêmes ou qu'ils se seront procurés dans les maisons religieuses chargées de les préparer; des précautions très-scrupuleuses doivent être prises également afin de s'assurer que le vin employé pour la Messe est naturel.

VIII. MM. les Curés doivent être très-exacts à dresser les budgets de fabrique, le Dimanche de Quasimodo, et à les envoyer à l'Archevêché avant le 1er du mois de Juin. Cet envoi est de rigueur pour toutes les cures et succursales du diocèse.

Nota. — MM. les Curés et Desservants recevront prochainement le dispositif concernant les exercices du jubilé.

† TH. CARDINAL GOUSSET, *Archevêque de Reims*.

Reims, Imprimerie de P. DUBOIS, rue de l'Arbalète, 9.

www.ingramcontent.com/pod-product-compliance
Lightning Source LLC
LaVergne TN
LVHW020456230826
846091LV00008BA/3237

* 9 7 8 2 0 1 3 6 1 0 9 0 2 *